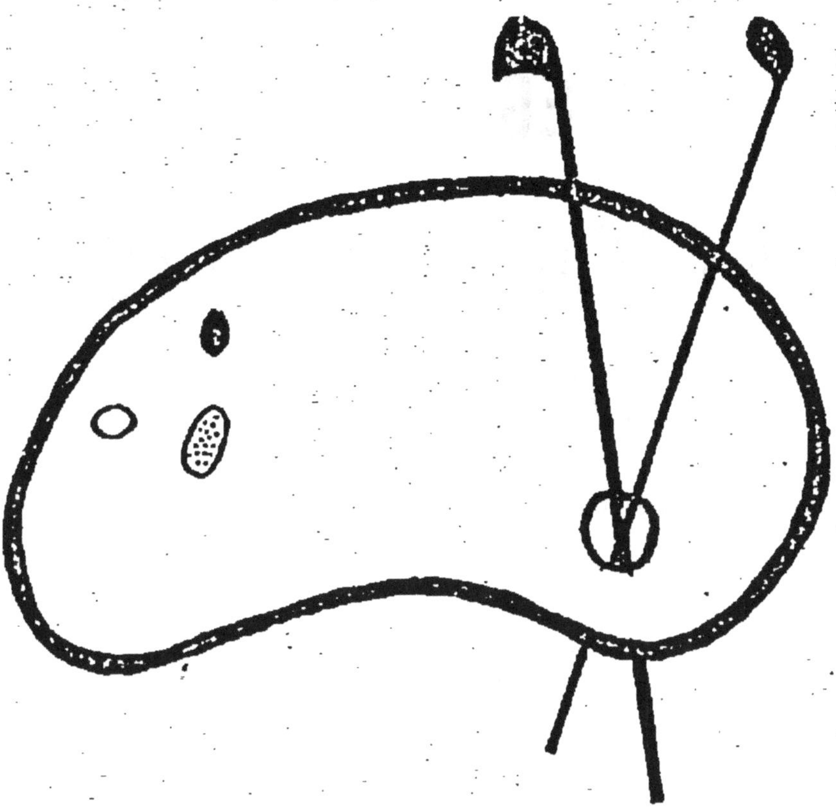

DEBUT D'UNE SERIE DE DOCUMENTS
EN COULEUR

F. GUILLIBERT
Vicaire Général

L'ÉGLISE
SAINT-JEAN DE MALTE
D'AIX

Son Histoire — Ses Restaurations

AIX
IMPRIMERIE J. NICOT, RUE DU LOUVRE, 16
1896

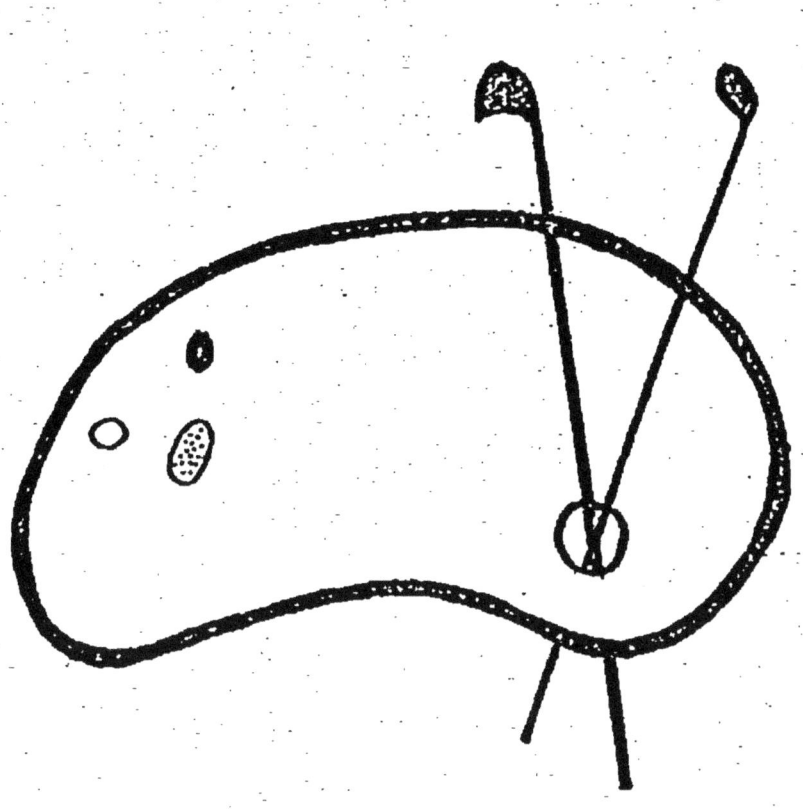

FIN D'UNE SERIE DE DOCUMENTS
EN COULEUR

DISCOURS

PRONONCÉ EN L'ÉGLISE SAINT-JEAN DE MALTE

Le 29 novembre 1896

Par M. GUILLIBERT, vicaire général

A L'OCCASION

DE LA RÉOUVERTURE DE LA GRANDE ROSACE DE LA FAÇADE

ET DE LA RÉCEPTION ET BÉNÉDICTION DU GRAND ORGUE

> *A solis ortu usque ad occasum laudabile nomen Domini.*
> Dès le lever du soleil jusqu'à son coucher il convient de louer le nom du Seigneur.
> (Ps. CXII.)

MONSEIGNEUR, (1)

MES FRÈRES,

La solennité qui nous réunit consacre la reprise et le succès des restaurations successives qui restituent à l'église de Saint-Jean de Malte, autant qu'il est possible et à l'aide de tous les perfectionnements modernes, son caractère primitif (2).

Il me semble que le meilleur moyen d'apprécier dans toute leur valeur de si heureux résultats est de jeter un coup d'œil sur les modifications successives que ce beau temple a dû subir au cours des temps.

---

(1) S. G. M‍gr Gouthe-Soulard, archevêque d'Aix.

(2) Les vitraux de la rosace, restaurée par M. Grimaud, entrepreneur, sortent de la maison André d'Aix. L'orgue est de M. Michel-Merklin de Lyon.

I

Transportons-nous donc, sans autre préambule, six cents ans en arrière. C'est, si vous le voulez bien, le 29 novembre 1296. Nous laissons à la place des Prêcheurs, derrière ses remparts, la ville comtale, et nous nous acheminons vers le sud-est, à travers les jardins, domaines de la couronne, dont une partie est cédée à nos archevêques. Là-bas dans une prairie s'élève, avec sa flèche élancée terminée depuis peu, une église sous sa robe de pierres de taille du pays, aux reflets d'or, striées par des motifs de sculpture en pierre blanche de Calissanne. L'édifice est tout ensemble élégant et mystique comme le style ogival, austère et sobre comme une construction militaire : c'est l'église prieurale de la Commanderie des chevaliers de Saint-Jean de Jérusalem.

Raymond-Bérenger IV, le dernier de nos comtes de la dynastie Catalane, la fit bâtir au second tiers de ce siècle. Ce grand prince, dont la cour était la plus polie de ce temps-là, et dont les quatre filles épousèrent quatre rois, y compris saint Louis, roi de France, voulut donner, en outre, au Christ, cette non moins gracieuse fiancée, pour me servir ici du symbolisme si cher au langage biblique.

Les quatre cloches, qu'en dépit de l'opposition du Chapitre métropolitain le prieuré a obtenu le privilège de faire sonner, nous appellent à l'office. — Nous y voici : tournons l'étroit cimetière qui longe le côté nord et entrons.

Quel spectacle harmonieux ! Une seule nef à sept travées, avec ses longues fenêtres à doubles lancettes trilobées, reposant sur un cordon en saillie prismatique, qui court tout le long du vaisseau, dessinant la parfaite croix latine formée par le transept, et accusant les angles droits de l'abside, ainsi qu'on voit aux cathédrales de Strasbourg, de Montréal en Canada, et non loin d'ici à Saint-Louis d'Hyères.

C'est le matin : le soleil inonde la nef, doucement tamisé par les semis où dominent les tons bleu et violet de la grande verrière de la baie absidale. Les vitraux en mosaïques de verres épais, des dix-sept fenêtres de onze mètres de haut, distribuent à cette heure, comme la baie de la façade, un jour plus doux. Vers l'heure du soleil couchant la grande rosace prendra violemment sa revanche ; de sorte qu'à Saint-Jean d'Aix, c'est tout le jour, de concert avec le sacrifice eucharistique et la psalmodie des chapelains, une symphonie de lumière vibrant le long des murs et sur les dalles, par la gamme tour à tour éclatante, tempérée et languissante des plus suaves tonalités. C'est le grand orgue de la lumière en attendant son frère, l'orgue de la musique.

Au fond, adossé à l'abside, est le maître-autel. « Il est tout d'une pièce, au-dessus duquel il y a un grand rétable peinct d'or et d'azur, auquel sont dépeincts les images de Nostre-Dame, de sainct Jean-Baptiste et de sainct Jean l'Evangéliste, auquel rétable sont dépeinctes les armoiries de la religion et celles de la maison d'Agoult qui est un loup ravissant d'azur au champ d'or » (1).

En avant de l'autel le presbyterium ; puis le chœur qui mord sur la nef par sa double rangée de trente

---

(1) Procès-verbal de visite de 1613. — Archives de Saint-Gilles, bibl. Méjanes.

huit stalles en bois de châtaignier. Admirez, je vous prie, au fond du transept nord, le riche tombeau d'Alphonse II et de Raymond-Bérenger IV (1) et en avant du transept du midi le splendide mausolée de la dernière fille et héritière de Raymond-Bérenger, Béatrix, reine de Naples, qui apporta en dot à Charles d'Anjou, frère de saint Louis, la couronne de Provence.

Les vingt-quatre chapelains-prêtres de l'Ordre hospitalier sont au chœur et chantent l'office. Quelques chevaliers présentement au repos dans la Commanderie sont aussi descendus. Vous les reconnaissez à leur costume noir, la croix blanche à huit pointes sur l'épaule.

Le Prieur de Saint-Jean — nous sommes en 1296 ; c'est donc le Frère Pierre Baroli — porte sur un simple surplis, comme ses frères, la mozette noire. Ce n'est qu'au commencement du XVIIIe siècle que le Prieur obtiendra la faveur de la porter violette sur le rochet à manches étroites. Mais dès l'origine, le prieuré d'Aix jouissant des privilèges de l'église-mère de Jérusalem, plus tard de Rhodes et de Malte, il officie, aux jours solennels, avec la crosse et la mitre.

Prions un moment avec eux tous, et invoquons la sainte Vierge et saint Jean l'apôtre à l'autel latéral du transept nord : sainte Marie-Madeleine honorée à l'autel qui fait pendant au précédent, au transept sud ; saint Pantaléon vénéré dans un coin du sanctuaire. Notre-Dame-d'Espérance dans le sombre oratoire formé par la base du clocher. N'oublions pas surtout le grand saint Blaise de Sébaste, second patron de l'Église prieurale, si cher aux chevaliers, comme il

---

(1) La partie supérieure du mausolée actuel, on le remarque aisément, est un ouvrage moderne (1828), en imitation de l'ancien monument détruit sous la Terreur.

le sera plus tard aux paroissiens. Ses reliques sont exposées sur un petit autel plaqué contre la paroi de la deuxième travée du nord en attendant que plus de trois siècles après on lui bâtisse, en ouvrant le mur, un sanctuaire particulier.

Et cette grande chapelle, de riche architecture, dont la voûte s'élève jusqu'au niveau de celle de la nef, aveuglant ainsi la fenêtre correspondante, insuffisamment suppléée par une ouverture semblable au fond même de l'édicule ?

C'est en plein XIVe siècle, en 1331, que le Grand-Maître de l'Ordre, Hélion de Villeneuve, cédant à une pieuse inspiration de patriotisme provençal, mais inaugurant ainsi la violation de cette belle intégrité architecturale qui faisait de Saint-Jean d'Aix, en des proportions plus vastes, l'émule de la Sainte-Chapelle de Paris, l'élèvera en l'honneur de l'arrière petit-fils de Raymond-Bérenger, petit-fils de cette gracieuse Béatrix ensevelie presqu'en face. Mais lui, l'aimable jeune saint provençal qui préféra obstinément la bure franciscaine aux royaumes de la terre; qui, à vingt et un ans, était condamné à accepter l'archevêché de Toulouse, et mourait si joyeux à vingt-trois, à Brignoles, sa ville natale, saint Louis d'Anjou, en un mot, canonisé par le pape Jean XXII, son ancien précepteur, ne nous laissa pas sa dépouille. Nous conservions du moins son culte ; pourquoi Saint-Jean ne s'en souvient-il plus ?

II

Je vous convie, si vous vous sentez assez dispos pour sauter à pieds joints quatre siècles, à une seconde visite à Saint-Jean. Nous pouvons l'appeler maintenant sans anachronisme Saint-Jean *de Malte*, car l'Ordre des hospitaliers a dû se replier, devant l'Islamisme vainqueur, de Jérusalem à Rhodes (1310) et de Rhodes à Malte où flotte désormais le pavillon du Grand-Maître (1530).

Or, c'est à la fin du XVIIe siècle que nous allons entreprendre cette nouvelle station. Le roi de France porte depuis deux cents ans le titre et la couronne de comte de Provence, car nous sommes unis, non annexés, à la France. En ce moment notre prince est donc Louis XIV. Aix, capitale encore illustre, étouffait tant dans son étroite enceinte, que dès 1646, elle avait brisé sa ceinture et répandu dans les terres du roi ou des archevêques ses nouveaux quartiers symétriquement alignés en rues bordées de beaux hôtels ou d'habitations plus modestes. Cette fois, pour nous rendre à Saint-Jean, nous suivons des rues dont le caprice du temps ne songera plus qu'à changer les noms.

Mais quoi : je n'aperçois plus que le hardi clocher émergeant de quantités de toitures. Plus rien des contreforts chargés de leurs curieuses gargouilles et surmontés de leurs sveltes clochetons. A l'est, rue d'Italie, à l'ouest, rue Cardinale, de banales maisons enserrent l'édifice jusqu'à l'étouffer.

Pauvre Commanderie de Malte, de combien de vicissitudes n'a-t-elle pas eu à souffrir et par les désastres de la religion dans les mers d'Orient, et par nos guerres civiles en France ! Joignez à ces causes extérieures l'action latente du relâchement ou de l'incurie au-dedans, et vous ne serez plus surpris que la rayonnante fiancée du XIIIe siècle ressemble aujourd'hui, pour emprunter à M. le chanoine Espieux sa comparaison on ne peut plus exacte, à « une vierge malheureuse qui aurait jeté sur sa face le voile de la douleur » (1).

C'est alors qu'un homme surgit : Aixois de race et de conviction, fils d'un illustre et opulent avocat au Parlement, prêtre intelligent, influent et d'une dévorante activité, Jean-Claude Viany est nommé par le Grand-Maître, prieur de Saint-Jean en 1667. Il se met aussitôt à l'œuvre : œuvre de réparation soit ; d'embellissements ? ...A en croire les auteurs du temps et à lire les inscriptions honorifiques, il faudrait dire oui et avec admiration. — Jugez plutôt.

Nous voici arrivés sur le seuil de l'église. La façade a été retouchée et le porche reconstruit. Le style en est assez pur. Chose très rare à cette époque, Viany n'a pas outragé, comme on a fait à Saint-Eustache de Paris, à la cathédrale de Milan et en cent autres lieux, un monument du XIIIe siècle par un portail à colonnes avec entablement et fronton classique, — de quoi il convient de lui savoir grand gré.

Entrons maintenant : Hélas ! quel changement dans l'aspect de la nef. Les chapelles ouvertes successivement avant lui le long des travées du côté du nord, ont obligé le prieur — et cela l'excuse en toute justice — à promouvoir des fondations nouvelles du côté du midi. La symétrie est satisfaite, mais l'allure générale, alourdie par ces enfoncements imprévus, a perdu beaucoup de sa grâce et de son mouvement en haut. Les fenêtres, coupées à mi-hauteur, ne donnent plus la sensation d'une fusée lumineuse et on a demandé au ciseau facile de Nicolas Veyrier quantité

(1) Notice sur la verrière absidale de Saint-Jean, 1858.

de bustes de marbres qui coupent indignement la ligne ascensionnelle des faisceaux de colonnettes contre lesquelles ils sont adossés.

Plus de lumière à l'orient. L'abside ajourée est devenue un mur plat sur lequel, peu d'année après, un autre neveu de Veyrier, a épandu, à la détrempe et en teintes glauques, un colossal baptême au Jourdain. Nous tous, Aixois, qui avons dépassé quarante ans, nous avons devant les yeux, pendant que je parle, cette fresque sombre, exhibant au premier plan un étrange portique aux colonnes torses et dessinant sous ses tons fanés la manière tourmentée de ses lignes.

Plus de lumière non plus du côté du couchant. Par une inconsciente ironie, le prieur appela les vibrations sonores à remplacer, jusqu'à nouvel ordre, les vibrations lumineuses. Un buffet d'orgue couvre absolument la radieuse rosace, bouchée par des plâtras.

Un incident curieux trouve ici sa place: œuvre d'un facteur flamand du nom de Roger, et payé 3.000 livres, un orgue de quatorze jeux fut dressé par les soins de Claude Viany au fond même du sanctuaire, d'où l'autel majeur était délogé pour être refait en marbre avec l'élégant ciseau de Christophe Veyrier, élève de Puget, et avancé vers le chœur. A peine l'orgue installé, un violent orage survint ; la toiture, en voie sans doute de réfection, déversa un déluge impertinent sur le roi de l'harmonie, et il fallut opérer en règle le sauvetage des jeux avariés. Boucher une fenêtre, fût-elle la plus sculpturale de toutes, Viany y avait la main faite. Il fit hisser son orgue sur la porte d'entrée ; et, aidé d'une forte amende dont le Parlement lui alloua le bénéfice, il appliqua un nouveau buffet de onze mètres de haut sur huit de larges, contre la rosace même, mise ainsi au défi d'oser jamais revoir et nous transmettre le jour.

Fermons les yeux, puisqu'on leur tarife la lumière, sur toutes ces belles choses devant lesquelles nos pères des deux derniers siècles pensèrent s'extasier. Et alors en bonne justice, ne jetons pas tant la pierre au prieur Viany. Des pierres,... on n'en avait que trop jeté contre nos belles verrières, pendant les désordres de la Ligue ; et les tromblons et les mousquets du duc d'Epernon écornèrent en trop d'endroits les meneaux délicats qui les encadraient. De bonne foi, comment réparer convenablement les brêches, lorsque, pour comble d'infortune, l'art de la peinture sur verre a disparu avec tant d'autres secrets du moyen âge dédaigné ? Ajoutez à cela le pressant besoin d'argent, et la tentation aiguë, pour tout administrateur en veine de dépenses, du profit de la vente des terrains à bâtir, tout autour de l'église. C'est ainsi que tout s'explique si tout ne peut s'excuser ; mais franchement, à cette époque orgueilleuse où le plus délicat, le plus mesuré des hommes de goût, Fénelon, traitait l'art ogival d'architecture barbare, peut-on trouver surprenant que Claude Viany ait livré à l'admiration de ses contemporains les cruelles altérations qu'on a si justement déplorées depuis ?

Quoi qu'il en soit, Saint-Jean ainsi travesti, eut encore de beaux jours et son prieuré magnifiquement reconstruit en avant de la place, eut à enregistrer pour l'Ordre de Malte, comme pour notre église, plus d'une date mémorable.

Nous arrivons à la Révolution. Le cyclone passe à Aix et y dévaste tout. L'église prieurale avait été un instant livrée aux prêtres jureurs ; elle devient un magasin à fourrages. La religion catholique est abolie pour toujours en France. Heureusement cette éternité dura tout au plus cinq ans. L'Ordre de Malte, lui, ne devait plus se relever parmi nous.

En 1798, ordre est donné de mettre aux enchères l'église, le prieuré, la vieille commanderie et ses jardins. Honneur aux neuf Messieurs et aux six Dames de notre ville, qui s'associèrent aussitôt dans un noble élan, et rachetèrent à un prix exorbitant, par le fait de la canaille intervention d'un spéculateur, le monument si cher à notre foi chrétienne et à notre patriotisme provençal.

Puisque les cœurs oublient tant, ne faudrait-il pas, du moins, que leurs noms fussent inscrits en lettres d'or sur les murs de ce temple qui subsiste intact, grâce à eux (1) ? Que leurs familles, car plusieurs existent encore, reçoivent ici l'hommage public de la reconnaissance de la cité.

Le Concordat a fait de Saint-Jean une église paroissiale. Lorsque enfant de chœur, en robe rouge et aube blanche, je servais avec mes jeunes amis à l'autel, deux vieillards nous frappaient par leur air vénérable, assis au banc des fabriciens. Ils portaient

---

(1) Ce sont, rapporte M. Roux-Alphéran, l'un d'entre eux, et non le moins zélé: MM. Aubert-Mignard et Antoine Aubert, syndics ; de Philip et de Callamand, anciens conseillers aux Comptes ; de Mayol-Saint-Simon, de Meyronnet-Châteauneuf; Pellicot, médecin ; Vial et Roux-Alphéran, dont la famille fournit trois des derniers prieurs de Saint-Jean. — Mesdames Pochet née Lieutaud ; de Joannis née de Calvy ; d'Eymard de Nans née de Pazéry de Thorame; Brochier née Barrême, et Mlle Tamisier. — Dès que la générosité des paroissiens permettra de mettre des vitraux aux fenêtres latérales, ces inscriptions commémoratives n'y trouveront-elles pas tout naturellement leur place ? (Voir : *Rues d'Aix*, tome II, p. 334, note.)

à la boutonnière une décoration spéciale. C'étaient deux frères, tous deux chevaliers de Malte. MM. de Lestang-Parade donnèrent à M. Rouchon, curé de sainte mémoire, le superbe ostensoir, dans lequel Notre-Seigneur au Saint-Sacrement va nous bénir ; puis ils moururent. Leur glas fut le dernier écho de la gloire des temps passés.

III

Pensez-vous, demande mélancoliquement le sage, que les temps passés revivent encore ?

En fait de mœurs, c'est rare ; en matière d'art, c'est l'ordinaire.

Le 16 janvier 1858, les heureux paroissiens de Saint-Jean de Malte étaient, comme aujourd'hui, en fête. Un nombreux clergé groupé dans des stalles richement sculptées, et l'élite des artistes de la ville entouraient Mgr Chalandon, archevêque d'Aix, venu pour inaugurer la réouverture de la magnifique baie absidale où déjà resplendissaient de superbes vitraux. M. le curé Caillat inaugurait ainsi l'œuvre de restauration intelligente qu'ont continuée ses deux successeurs. Je n'ai pas à énumérer les travaux de détail successivement exécutés jusqu'au nouvel autel, monument érigé en 1875, par M. Poulon, et consacré par Mgr Forcade, œuvre d'art remarquable, qui laisse toutefois un regret : c'est qu'on l'ait ainsi exécutée, au lieu de rétablir, dans sa forme et à sa place primitives, l'autel au rétable d'azur et d'or, tant célébré par les vieux inventaires.

Ce qu'il importe de relever ici, aujourd'hui, et au début de la cérémonie qui vous appelle à votre tour, Monseigneur, au sein de cette paroisse, que vous aimez et qui vous le rend si bien, c'est l'indomptable confiance que M. Gonon, le curé que vous lui avez vous-même donné au début de votre épiscopat, a eue dans la générosité de ses paroissiens.

J'avoue qu'elle fut, tout d'abord, faiblement encouragée. Nous avons la mauvaise habitude nous, « bons chrétiens », de croire à peu près tout perdu, quand on nous persécute. Et nous irions jusqu'à priver Dieu des honneurs de son culte, sous prétexte que ses ennemis nous privent de leur appui et gênent notre liberté. Tel ne fut pas l'esprit des temps anciens ; les merveilleuses créations de l'art en Italie coïncident avec la période politique la plus tourmentée, la plus sanglante de son histoire. Quant aux âges apostoliques la « croix de bois » des évêques et le dénuement des catacombes n'ont servi qu'à des effets oratoires classiques. L'art et l'archéologie savent bien aujourd'hui qu'en pleine ère de persécutions les attributs des pontifes, qui représentent le Christ non plus dans sa vie terrestre mais dans sa gloire, furent enrichis, sans préjudice du soin des pauvres, premier trésor de l'Eglise, par les plus opulents joyaux des grandes patriciennes converties ; et les hypogées de Rome ont révélé les marbres, les fresques et les mosaïques de leurs sanctuaires secrets, en attendant les basiliques supérieures, élevées avec un luxe exquis, souvent dans l'intervalle de deux persécutions.

Fidèles à de tels exemples, chers paroissiens de Saint-Jean, et comme notre grande patronne, Marie-Madeleine, il vous est doux, fût-ce à la veille de la

Passion, de briser le vase d'albâtre, et de répandre son nard précieux sur les pieds et sur la tête du Sauveur.

IV

Heureuses les âmes qui comprennent et pratiquent ainsi les divines harmonies de la foi, dans l'accord parfait de l'amour de Dieu et du prochain ! Ames éclairées, âmes « chantantes » (1), vous êtes vraiment le temple saint dont parle l'apôtre (2). Le baptême vous illumina tout d'abord — c'est la forte expression de Tertullien et d'autres Pères ; puis, dans la charité et sous l'action des autres sacrements reçus, le Saint-Esprit priait en vous en des modulations ineffables (3). Quand, un jour, vous entrerez dans l'Eglise triomphante, vous n'aurez qu'à ajouter à ces trésors la lumière totale de la vision, à la place des reflets de la foi, et l'amour consommé, dans le cantique éternel, à la place de l'amour tremblant encore dans les soupirs de l'espérance.

Qu'est-ce à dire ? Tout aboutirait donc, en fait de religion, à voir et à chanter ? — Et oui ; car nous devons à Dieu l'hommage de notre intelligence et la louange de nos cœurs et de nos lèvres. La religion n'a pas finalement d'autre objet que de nous révéler la vérité dans toutes ses nuances, pour nous la faire aimer et pratiquer sous toutes ses formes : vis-à-vis du prochain dans les concerts fraternels du dévouement ; vis-à-vis de Dieu jusqu'aux accents de l'extase.

(1) *Imitation* liv. III, ch. L, 2.
(2) I Cor. III, 16, 17 ; VI, 19 ; II Cor. VI, 16.
(3) Rom. VIII, 26.

Ne faut-il pas alors que les temples visibles, symboles tout à la fois du temple intérieur des âmes et de la Jérusalem céleste, exultent, eux aussi, dans les symphonies et dans la lumière ? Ainsi, dans la nuit de Bethléem, les clartés du ciel et la musique des anges ; ainsi, au Thabor, l'éblouissante vision et la parole éternelle ; ainsi, même dans les gémissements de Gethsémani, l'ange lumineux qui console !

Oh ! l'harmonie des œuvres de Dieu dans la nature, avec ce double besoin fondamental de tout notre être,... voir et chanter !

La science nous a dit que le son et la lumière volent au loin en vibrations similaires. Dans le langage humain, tous deux s'empruntent ou se prêtent fraternellement leurs qualificatifs et leurs métaphores, si bien que l'on se demande vainement si l'adjectif « éclatant », par exemple, a été dit, tout d'abord, de la lumière ou du son. L'industrie, comme la littérature, s'ingénie à les associer à son tour ; et dans l'orgue perfectionné qui va se faire entendre, c'est la lumière, elle-même, sous sa forme la plus pure et la plus puissante, l'électricité, qui va humblement se mettre au service des ressorts cachés du royal instrument.

Il était donc temps de faire cesser la flagrante contradiction qui fit murer précisément par un buffet d'orgue la superbe rosace aux tons éclatants.

C'est fait ; et les rayons du soleil, et les ondes des symphonies baigneront maintenant, de concert, la nef rajeunie et consolée.

Et désormais, mes frères, vous aurez sans cesse à la pensée, en priant dans cette église, qu'il faut, vous aussi, vous éclairer tous les jours par la doctrine chrétienne, et chanter par la grâce, dans vos cœurs (1), l'amour de Dieu et des hommes.

Alors vous serez dignes de votre glorieux patron saint Jean-Baptiste, dont le Sauveur a dit qu'il était le feu qui crépite et éclaire (2) ; alors surtout vous serez les fils et les imitateurs de Celui qui, étant la Parole éternelle, a dit :

« Je suis la lumière du monde (3). »

Amen.

---

(1) Coloss. III, 16.
(2) Joan. V, 35.
(3) Joan. VIII, 12.

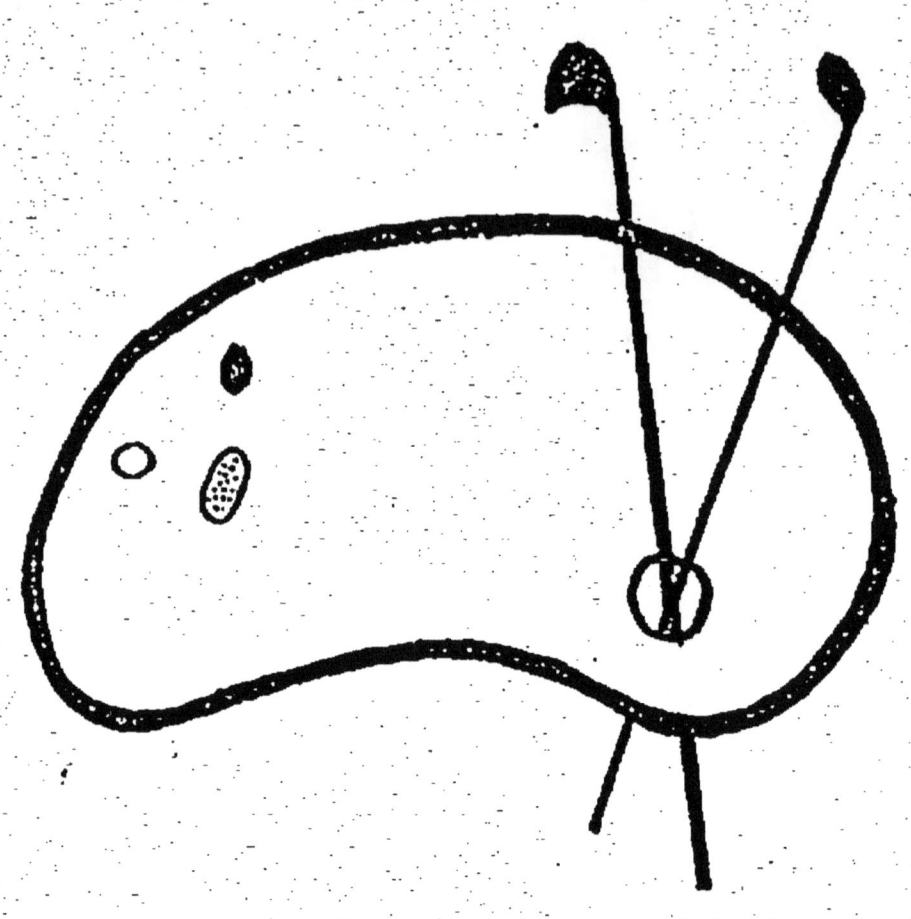

ORIGINAL EN COULEUR
NF Z 43-120-8

www.ingramcontent.com/pod-product-compliance
Lightning Source LLC
Chambersburg PA
CBHW061525040426
42450CB00008B/1798